العربية

Ce livre
appartient à

. . . .

. . . .

. . . .

وَقُل رَّبِّ زِدْنِي عِلْمًا

Droits d'Auteur © Avril 2024

Auteur : Sirine Massoum
Editeur : Sirine Massoum

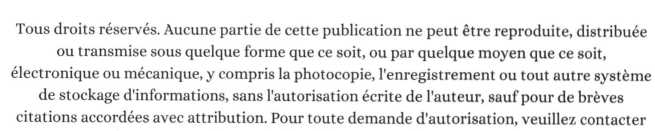

sommaire

Salut les amis !
J'ai entendu dire que vous souhaitez apprendre à lire
l'arabe comme de grands aventuriers, alors me voilà
pour vous accompagner dans cette merveilleuse
aventure !

À travers ce livre, nous allons nous plonger dans le monde de la lecture et de l'écriture en arabe, étape par étape. Vous découvrirez comment les lettres arabes se transforment en mots magiques et en histoires fantastiques !

L'arabe est une langue mystérieuse et captivante, pleine de sons envoûtants et de lettres qui dansent sur la page. Mais ne vous inquiétez pas, apprendre à lire et à écrire en arabe n'est pas aussi difficile qu'il n'y paraît ! Avec un peu de pratique et beaucoup de curiosité, vous deviendrez bientôt des experts en alphabet arabe. De plus, je vous offre l'audio du livre pour que vous puissiez pratiquer la prononciation avec moi. Il vous suffit de scanner ce code.

SCAN ME!

SCAN ME

SCAN ME

Et si tu veux enrichir ton vocabulaire, rejoins-moi sur Instagram ou YouTube pour apprendre de nouveaux mots chaque jour ! Scanne simplement les codes QR pour me rejoindre.

Dans ce livre, nous allons partir à la découverte des lettres, des voyelles et de tous les secrets de la lecture et de l'écriture arabe.
Tu vas apprendre à reconnaître chaque lettre, à former des mots magiques et à créer tes propres mots en arabe !
Alors, tous à bord pour cette aventure linguistique ! Let's go !

Pour lire en arabe, on commence par apprendre l'alphabet. Ensuite, on découvre les règles importantes comme les voyelles et les autres signes. Alors, On va commencer par découvrir l'alphabet arabe !

l'alphabet arabe

ج	ث	ت	ب	أ
Djîm	Thâ'	Tâ'	Bâ'	alif

ر	ذ	د	خ	ح
Râ'	Dhâl	Dâl	Khâ'	Ḥâ'

ض	ص	ش	س	ز
Ḍâd	Ṣâd	Shîn	Sîn	Zây

ف	غ	ع	ظ	ط
Fâ'	Rhayn	Ayn	dhâ'	Ṭâ'

ن	م	ل	ك	ق
Noun	Mîm	Lâm	Kâf	Qâf

ي	و	ه
Yâ'	Wâw	Hâ'

Tu sais, en arabe, on lit et on écrit de droite à gauche, pas comme en français !
Au début, ça peut sembler bizarre, mais on s'habitue vite. C'est juste une autre
façon d'écrire, comme un petit défi que l'on relève ensemble !

En arabe, on écrit d'une façon spéciale appelée
l'écriture attachée ou cursive.
Cela signifie que les lettres se tiennent la main
pour former de jolis mots. Quand on écrit en
attaché, les lettres changent un peu de forme
pour s'attacher les unes aux autres.
Par exemple, une lettre qui monte ou descend
seule perd cette partie et devient différente
quand elle est avec d'autres lettres. C'est
comme un jeu de lettres qui se déguisent !
Donc, pour chaque lettre, on peut en
trouver trois versions différentes :
une pour le début du mot,
une pour le milieu et
une pour la fin.
C'est vraiment intéressant,
n'est-ce pas ?

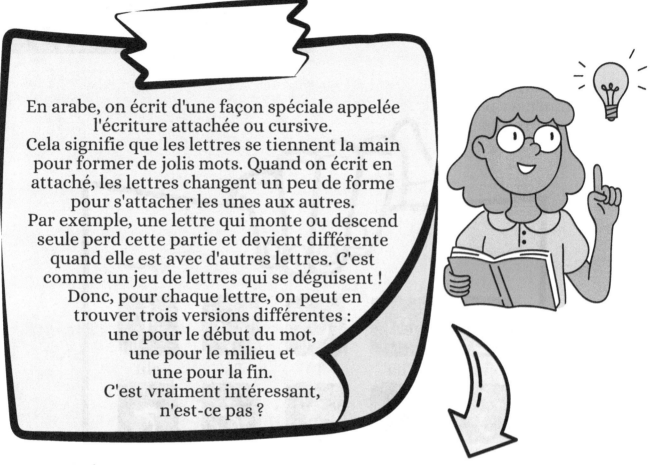

exemple :

la
lettre

ج

début — Quand une lettre est au début d'un mot, elle se relie du côté gauche pour commencer à former un mot avec ses amies les lettres.

جَبَلْ

milieu — Au milieu d'un mot, la lettre se lie à ses copines lettres à gauche et à droite. Comme ça, elles restent toutes ensemble pour former un joli mot.

خَجَلْ

fin — À la fin d'un mot, la lettre se relie seulement du côté gauche. C'est comme si elle disait au revoir aux autres lettres en se tenant bien à gauche et elle garde sa forme entière pour finir le mot avec style.

ثَلْجْ

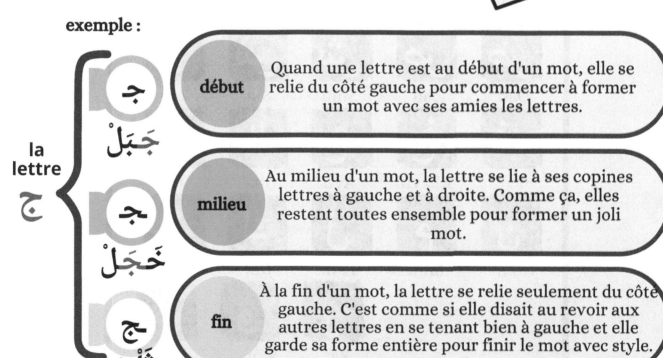

وَهَبَ
ذَكَرَ
رَزَقَ
دِيكٌ
تَأَمَّرَ

Regardez-les, elles se prennent pour des stars !

Savais-tu que ces six lettres arabes و ز ر ذ د ا sont un peu égoïstes! Elles ne veulent jamais se tenir la main avec la lettre qui les suit. Elles préfèrent rester seules dans les mots

Tu sais quoi ? Toutes les lettres arabes que nous venons de voir sont des consonnes ! Oui, ce sont toutes des consonnes. Maintenant, ensemble, nous allons apprendre les voyelles arabes. Ça va être super intéressant !

Il y a deux types de voyelles : les courtes et les longues.
Les courtes sont comme des petits sons : [a], [i], [ou].
Les longues durent un peu plus longtemps : [aaa], [iii], [ouuu].
Je vais tout t'expliquer en détail avec un exemple pour mieux comprendre.

Les voyelles courtes

Il y a trois voyelles courtes que tu dois connaître !
- La fatha (الْفَتْحَة) : C'est comme un petit trait sur la lettre et ça se dit "a".
- La damma (الضَّمَّة) : C'est comme un petit "waw" sur la lettre et ça se dit "ou".
- La kasra (الكَسْرَة) : C'est comme un petit trait en dessous de la lettre et ça se dit "i".

fateha /a/	damma /ou/	kasera /i/
تَ	تُ	تِ
Ta	Tou	Ti
écrit au-dessus de la consonne	écrit au-dessus de la consonne	écrit sous la consonne

Les voyelles longues

Il y a trois voyelles longues que tu dois connaître aussi :
- Le "alif" (l) : C'est comme une baguette magique ! Il fait durer le son "a" pour qu'il devienne "aaa". Tu le trouves après une lettre avec la fateha.
- Le "waw" (و) : C'est comme une boule de neige ! Il fait durer le son "ou" pour qu'il devienne "ouuu". Tu le trouves après une lettre avec la damma.
- Le "ya" (ي) : C'est comme un arc-en-ciel ! Il fait durer le son "i" pour qu'il devienne "iii". Tu le trouves après une lettre avec la kasra.

le alif (l) /aaa/	le waw (و) /ouuu/	le ya (ي) /iiii/
تَا	تُو	تِي
Taaa	**Touuu**	**Tiii**
précédé par une fateha	précédé par une dhamma	précédé par une kasera

En plus de ces voyelles, il y a d'autres choses intéressantes et amusantes à connaître en arabe. Il y a le tanwin, le chadda et le soukoun. C'est comme un petit secret de l'écriture arabe ! Allons-y, je vais te révéler ces secrets et t'expliquer tout cela en détail. Ça va être super simple, tu vas voir !

Le soukoun

Le soukoun, c'est un petit rond au-dessus d'une lettre. Ça veut dire que la lettre est toute seule, sans copain voyelle.

Par exemple : dans le mot مَدْرَسَة "madrasa" qui veut dire "école", la lettre "d" est toute seule, sans voyelle. Donc, on prononce la lettre sans copain voyelle, comme le "b" dans le mot « sable »."

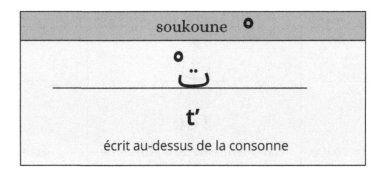

soukoune °
تْ
t'
écrit au-dessus de la consonne

Le chadda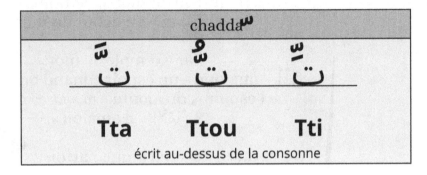

Le chadda, c'est comme une petite moustache qu'on met au-dessus d'une lettre pour lui donner un super pouvoir ! Ça rend la lettre plus forte et puissante. On insiste beaucoup sur cette lettre quand on la prononce.

Pour la dire, on bloque la lettre d'abord, puis on la prononce avec la voyelle qui va avec. On met le chadda seulement sur la lettre au milieu ou à la fin d'un mot.

chadda ّ		
تّ	تُّ	تِّ
Tta	**Ttou**	**Tti**
	écrit au-dessus de la consonne	

Le tanwin

Le tanwin, c'est comme une équipe de deux voyelles courtes qui s'installent à la fin des mots. Elles font juste dire la lettre "noûne" à la fin du mot. Avec le tanwin, on entend des sons comme [an], [oun], [in].

Le tanwin nous aide à dire si quelque chose est indéfini, comme quand on dit "un" ou "une" en français. C'est un peu comme dire "un chat" ou "une pomme".

tanwiine fateha /an/ ً	tanwiine damma /oun/ ٌ	tanwiine kasera /in/ ٍ
تً	تٌ	تٍ
Tan	**Toun**	**Tin**
écrit au-dessus de la consonne	écrit au-dessus de la consonne	écrit sous la consonne

Maintenant qu'on a rencontré le tanwin, qui est l'article indéfini en arabe, on va aussi rencontrer son frère, l'article défini. On va apprendre ensemble à le prononcer.
Et ça, c'est le dernier secret que je vais te révéler pour que tu deviennes un vrai pro de la lecture en arabe !

l'article définie

En arabe, l'article défini est plus simple que en français parce qu'il y a seulement un article qui fonctionne pour tout : le singulier, le pluriel, le féminin et le masculin.

Cet article est « al » = الـ.

Donc, pour dire un mot spécifique, on ajoute « alif-lam » au début du mot.

Par exemple, le mot:
أَمَلٌ - amaloun - un espoir, quand on veut dire « l'espoir », on ajoute « al » et ça devient « الأَمَلُ - al amalou ».

On va aussi découvrir que parfois, on ne prononce pas toujours le "lam" !

Quand le « لـ » de l'article est suivi d'une des 14 lettres "lunaires", on va prononcer le "lam" de l'article défini.

Et quand le "لـ" de l'article est suivi d'une de ces 14 lettres solaires, alors on ne prononcera pas le "لـ" de l'article et on mettra une chadda* sur la lettre qui suit le "لـ" de l'article.

Par exemple, on dit اَلْقَمَرُ « al-qamar » = (la lune) car la lettre « ق » est lunaire.
Mais on dit الشَّمْسُ « ach-chams« = (le soleil) car la lettre « ch » est solaire.

Je ne vous demande pas d'apprendre tout les lettres lunaires et solaires par cœur maintenant. Même si les apprendre par cœur est le moyen le plus rapide de les retenir.

On va juste regarder quelques exemples ensemble. C'est super logique et ça va vous aider à comprendre comment ça marche. Regardons des exemples ensemble :

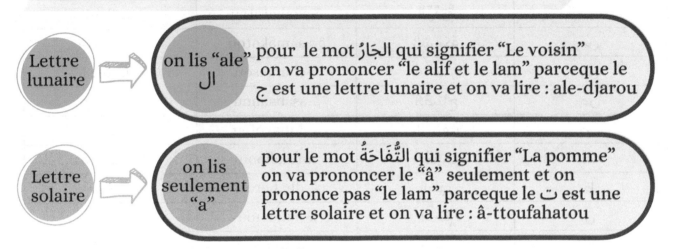

Lettre lunaire ⟹ on lis "ale" ال pour le mot الجَارُ qui signifier "Le voisin" on va prononcer "le alif et le lam" parceque le ج est une lettre lunaire et on va lire : ale-djarou

Lettre solaire ⟹ on lis seulement "a" pour le mot التُّفَاحَةُ qui signifier "La pomme" on va prononcer le "â" seulement et on prononce pas "le lam" parceque le ت est une lettre solaire et on va lire : â-ttoufahatou

Maintenant, c'est à ton tour ! Essaie de lire les exemples suivants dans les deux tableaux qui viennent ensuite.

Lettres lunaires	Exemples	Phonétique	Traductions
أ	الْأُبُ	ale-abou	Le père
ب	الْبَابُ	ale-babou	La porte
ج	الْجَنَّةُ	ale-djannatou	Le paradis
ح	الْحِمَارُ	ale-himaarou	L'âne
خ	الْخُبْزُ	ale-khoubezou	Le pain
ع	الْعَيْنُ	ale-âyenou	L'oeil
غ	الْغَذَاءُ	ale-ghadaa'ou	Le déjeuner
ف	الْفِيلُ	ale-fiilou	L'éléphant
ق	الْقَمَرُ	ale-quamarou	La lune
ك	الْكِتَابُ	ale-kitaabou	Le livre
م	الْمَسْجِدُ	ale-masedjidou	La mosquée
و	الْوَرَقَةُ	ale-waraqatou	La feuille
ه	الْهَاتِفُ	ale-haatifou	Le téléphone
ي	الْيَدُ	ale-yadou	La main

Lettres solaires	Exemples	Phonétique	Traduction
ت	اَلتَّاجِرُ	â-ttadjirou	Le commerçant
ث	اَلثَّوْبُ	â-thâwebou	Le vêtement
د	اَلدِّيكُ	â-ddikou	Le coq
ذ	اَلذَّهَبُ	â-dhahabou	L'or
ر	اَلرَّجُلُ	â-rrajoulou	L'homme
ز	اَلزَّهْرَةُ	â-zzaheratou	La fleur
س	اَلسَّمَكَةُ	â-ssamakatou	Le poisson
ش	اَلشَّمْسُ	â-châmesou	Le soleil
ص	اَلصَّبَاحُ	â-ssabaahou	Le matin
ض	اَلضَّيْفُ	â-ddhayefou	L'invité
ط	اَلطَّالِبُ	â-ttaalibou	L'étudiant
ظ	اَلظَّهْرُ	â-dhaherou	Le dos
ل	اَللَّحْمُ	â-llahemou	La viande
ن	اَلنَّجْمُ	â-nnadjemou	L'étoile

astuce :

Si tu vois le "soukoun" sur le "lam", tu lis le "lam" de "ale". Si tu ne vois pas le "soukoun" et que tu trouves la "chadda" sur la lettre après le "lam", tu ne lis pas le "lam", tu lis seulement le "alif" et tu passes directement à la lettre avec la "chadda"

" Maintenant que je vous ai révélé les secrets de la lecture, allons-y ensemble pour apprendre à les écrire et et à les coller les uns aux autres pour former de jolis mots ! "

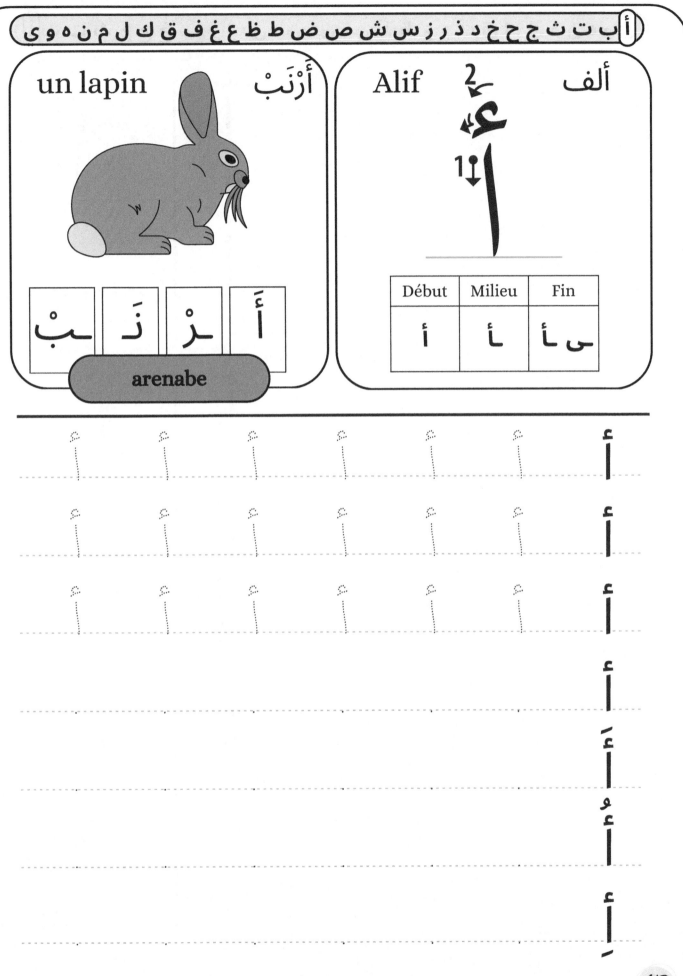

un lapin — أَرْنَبْ

arenabe

Alif — ألف

Début	Milieu	Fin
أ	ـأ	ـأ ى

أ
أ
أ
أ
أَ
أُ
أِ

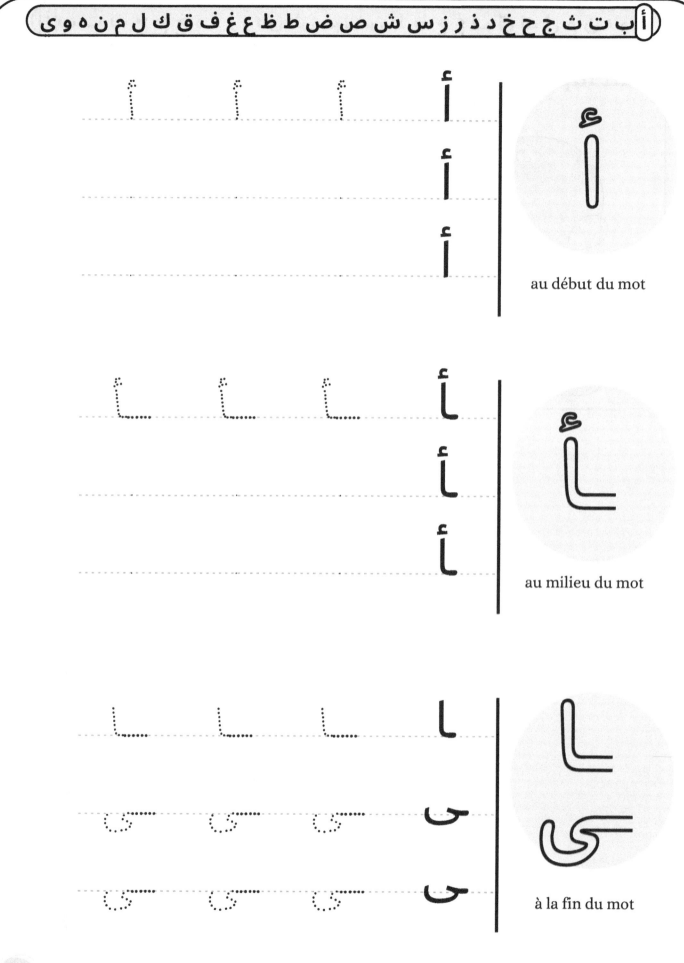

أ

au début du mot

أ

au milieu du mot

ا

ى

à la fin du mot

au début du mot

asadoun

أَسَدٌ

أَسَدٌ

au milieu du mot

kaêsoun

كَأْسٌ

كَأْسٌ

à la fin du mot

khataêe

خَطَأْ

خَطَأْ

une vache	بَقَرَةٌ

بَ	ـقَ	ـرَ	ةٌ

baqaratoun

باء	Bâ'

♦2

Début	Milieu	Fin
ب	ـبـ	ـب

ب

ب ، ب

ب ، ب ، ب

ب ، ب ، ب ، ب

بَ ، بَ ، بَ ، بَ

بُ ، بُ ، بُ ، بُ

بِ ، بِ ، بِ ، بِ

ب ‌ ‌ ‌ ‌ ‌ ‌ ‌ ‌ ب

ب ‌ ‌ ‌ ‌ ‌ ‌ ‌ ‌ ب

ب ‌ ‌ ‌ ‌ ‌ ‌ ‌ ‌ ب

بـ ‌ ‌ ‌ ‌ ‌ ‌ ‌ ‌ بـ

بـ ‌ ‌ ‌ ‌ ‌ ‌ ‌ ‌ بـ

بـ ‌ ‌ ‌ ‌ ‌ ‌ ‌ ‌ بـ

ب ‌ ‌ ‌ ‌ ‌ ‌ ‌ ‌ ب

ب ‌ ‌ ‌ ‌ ‌ ‌ ‌ ‌ ب

ب ‌ ‌ ‌ ‌ ‌ ‌ ‌ ‌ ب

17

au début du mot

بَيْتٌ

بَيْتٌ   بَيْتٌ   بَيْتٌ

بَيْتٌ   بَيْتٌ   بَيْتٌ

بَيْتٌ

bayetoun

بَيْتٌ

au milieu du mot

حَبْلٌ

حَبْلٌ   حَبْلٌ   حَبْلٌ

حَبْلٌ   حَبْلٌ   حَبْلٌ

حَبْلٌ

habeloun

حَبْلٌ

à la fin du mot

كُتُبٌ

كُتُبٌ   كُتُبٌ   كُتُبٌ

كُتُبٌ   كُتُبٌ   كُتُبٌ

كُتُبٌ

koutouboun

كُتُبٌ

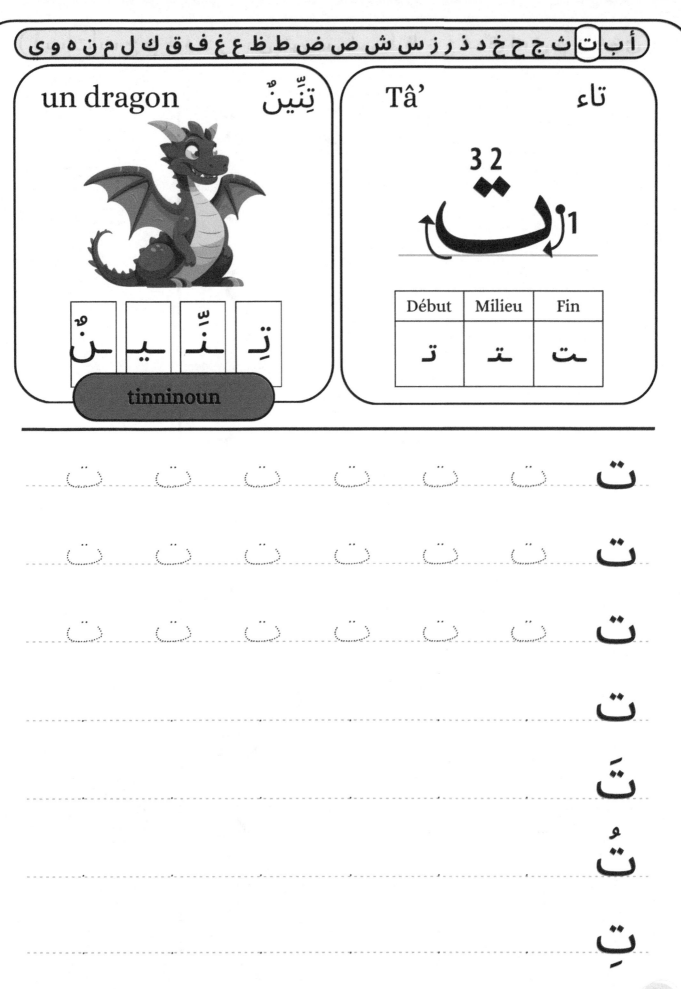

	un dragon	تِنِّينٌ

تِنِّينٌ

tinninoun

تاء   Tâ'

3 2

ت
1

Début	Milieu	Fin
ت	ـتـ	ـت

ت

ت

ت

ت

تَ

تُ

تِ

ت

ت | ت | ت

ت

ت

ثـ

تـ | تـ | تـ

تـ

تـ

ت

ـت | ـت | ـت

ة

ـة | ـة | ـة

ة

ة | ة | ة

au début du mot

تَمْرٌ

tameroun

تَمْرٌ

au milieu du mot

مَتْحَفٌ

MUSEUM

matehafoun

مَتْحَفٌ

à la fin du mot

زَيْتٌ

zayetoun

زَيْتٌ

21

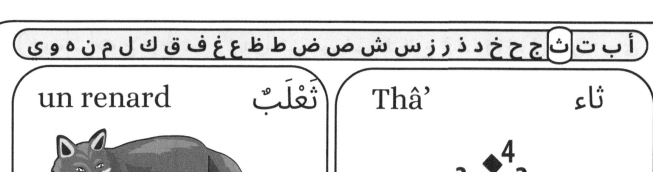

ثَعْلَبٌ	un renard	ثاء	Thâ'

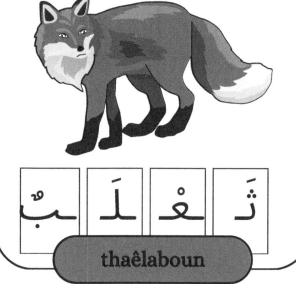

ثَ	غْ	لَ	بٌ

thaêlaboun

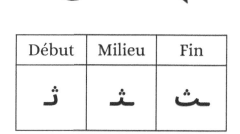

Début	Milieu	Fin
ثـ	ـثـ	ـث

ث

ث

ث

ث

ثَ

ثُ

ثِ

ث

ث .... ثَ .... ثَ .... ثَ

ث ....

ث ....

ثَ

ثَ .... ثَ .... ثَ .... ثَ

ثَ ....

ثَ ....

ثُ

ثُ .... ثُ .... ثُ .... ثُ

ثُ ....

ثُ ....

au début du mot

ثُومٌ

ثُومٌ ثُومٌ ثُومٌ ثُومٌ

ثُومٌ ثُومٌ ثُومٌ ثُومٌ

ثُومٌ

thoumoun

ثُومٌ

au milieu du mot

بُثُورٌ

بُثُورٌ بُثُورٌ بُثُورٌ

بُثُورٌ بُثُورٌ بُثُورٌ

بُثُورٌ

bouthouroun

بُثُورٌ

à la fin du mot

ثُلُثٌ

ثُلُثٌ ثُلُثٌ ثُلُثٌ

ثُلُثٌ ثُلُثٌ ثُلُثٌ

ثُلُثٌ

1/3

thoulouthe

ثُلُثٌ

24

un chameau — جَمَلٌ

| جَـ | ـمَـ | ـلٌ |

djamaloun

djîm — جيم

Début	Milieu	Fin
جـ	ـجـ	ـج

25

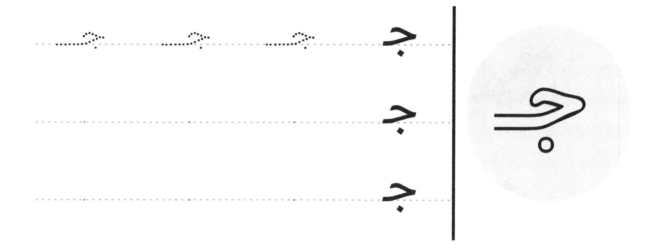

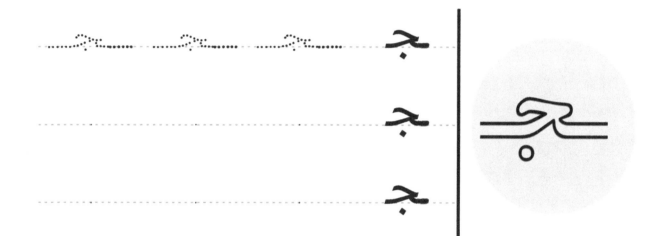

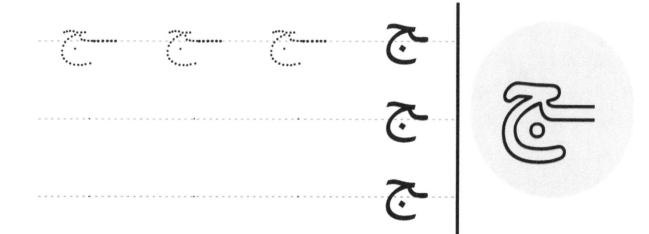

au début du mot

djoubenoun

جُبْنٌ

au milieu du mot

nadjemoun

نَجْمٌ

à la fin du mot

thaledjoun

ثَلْجٌ

جُبْنٌ

نَجْمٌ

ثَلْجٌ

baleine	حُوتٌ	Ḥâ'	حاء

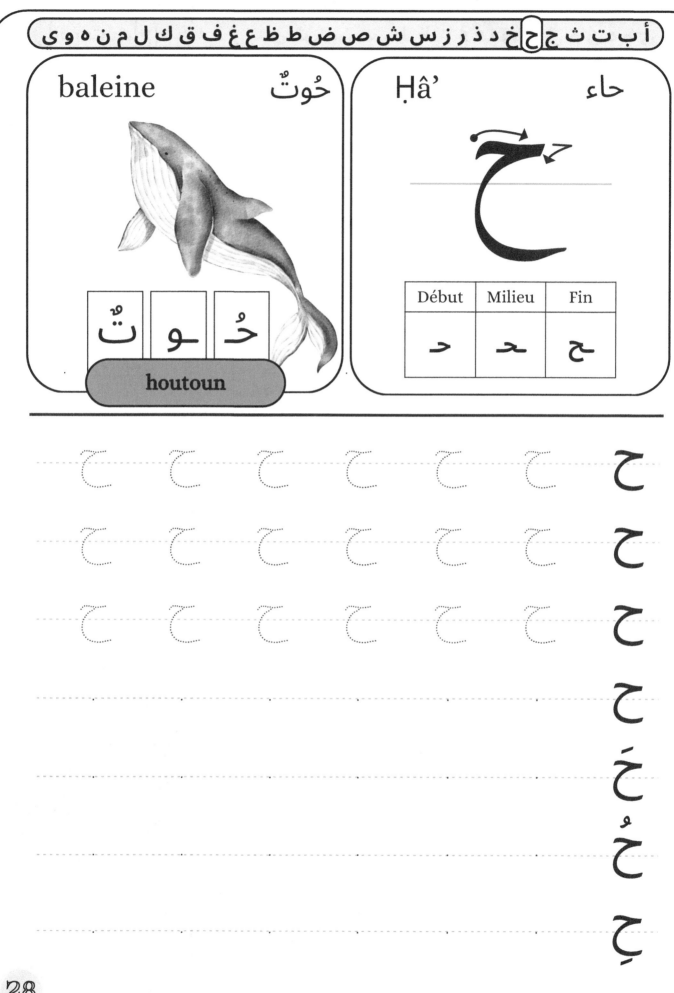

حُ — وــ — تٌ

houtoun

Début	Milieu	Fin
حـ	ـحـ	ج

ح ح ح ح ح ح ح

ح ح ح ح ح ح ح

ح ح ح ح ح ح ح

ح

حَ

حُ

حٍ

حِ

حـ حـ حـ حـ

حـ حـ حـ حـ

حـ حـ حـ حـ حـ

au début du mot

haliiboun

حَلِيبٌ

حَلِيبٌ

au milieu du mot

lahemoun

لَحْمٌ

لَحْمٌ

à la fin du mot

milehoun

مِلْحٌ

مِلْحٌ

un mouton خَرُوفٌ

خَـ	ـرُ	و	فٌ

kharouufoun

Khâʾ خاء

Début	Milieu	Fin
خـ خـ	ـخـ ـخ	ـخ

خ
خ
خ
خ
خَ
خُ
خِ

خُ	خُ	خُ	ـﺨ
	خُ		
	خُ		

خـ	خـ	ـﺨـ	ـﺨـ
	خـ		
	خـ		

خ	خ	ح	ح
خ خ			
خ			

au début du mot

khoubezoun

خُبْزٌ

au milieu du mot

nakheloun

نَخْلٌ

à la fin du mot

batiikhoun

بَطِّيخٌ

خُبْزٌ

نَخْلٌ

بَطِّيخٌ

un coq   دِيكٌ

Dâl   دال

دِ | ي | ـكٌ

diikoun

Début	Milieu	Fin
د	ـد	ـد

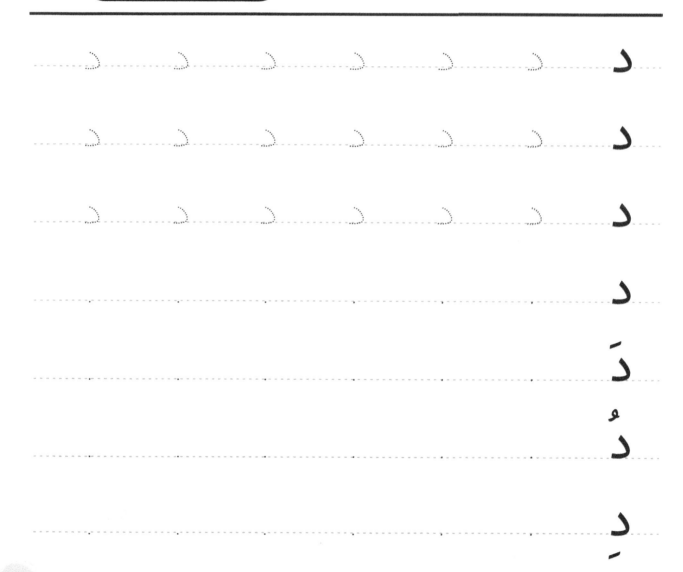

د

د

د

د

دَ

دُ

دِ

	د	د	د	د

ﺩ

	د	د	د	د

ﺩ

	د	د	د	د

ﺩ

au début du mot

douboun

دُبٌّ

دُبٌّ

au milieu du mot

hadiidoun

حَدِيدٌ

حَدِيدٌ

à la fin du mot

qiredoun

قِرْدٌ

قِرْدٌ

| un loup | ذِئْبٌ | Dhâl | ذال |

| ذِ | ـئْ | ـبٌ |

dhiê'boun

Début	Milieu	Fin
ذ	ـذـ	ـذ

ذ

ذ   ذ   ذ   ذ

ذ

ذ

ذ   ذ   ذ   ذ

ذ   ذ

ذ   ذ

ذ   ذ   ذ   ذ

ذ   ذ

ذ   ذ

au début du mot

ذَهَبٌ

dhahaboun

ذَهَبٌ

au milieu du mot

حِذَاءٌ

hidhaaêoun

حِذَاءٌ

à la fin du mot

قُنْفُذٌ

kounefoudhoun

قُنْفُذٌ

| une plume | رِيشَةٌ | Râ' | راء |

ريشَةٌ | ـشَ | ي | رِ

richatoun

Début	Milieu	Fin
ر	ـر	ـر

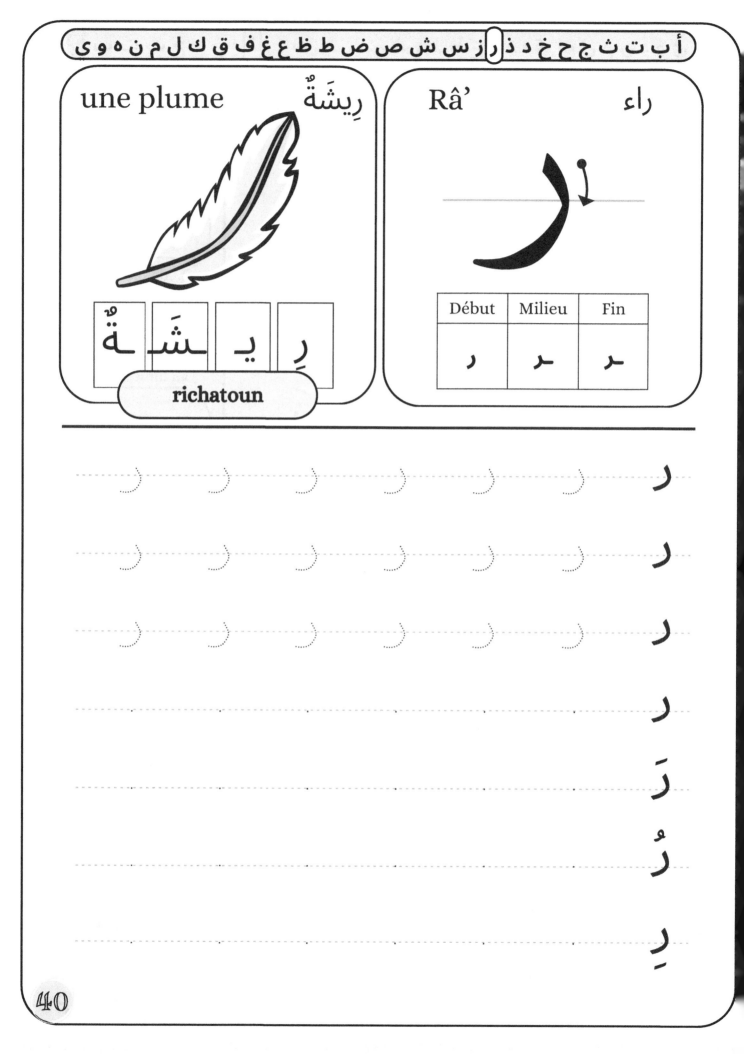

ر

ر

ر

ـر

ـَر

ـُر

ـِر

ر | ر . . . . ﻝ . . . . ﻝ . . . . ﻝ

ر | ر . . . . ﻝ

ر | ر . . . . ﻝ

رـ | رـ . . . . ـر . . . . ـر . . . . ـر

رـ | رـ . . . . ـر

رـ | رـ . . . . ـر

ـر | ـر . . . . ـر . . . . ـر . . . . ـر

ـر | ـر . . . . ـر

ـر | ـر . . . . ـر

au début du mot

رُمَّانٌ

roummaanoun

رُمَّانٌ

au milieu du mot

بَرْقٌ

bareqoun

بَرْقٌ

à la fin du mot

حِمَارٌ

himaaroun

حِمَارٌ

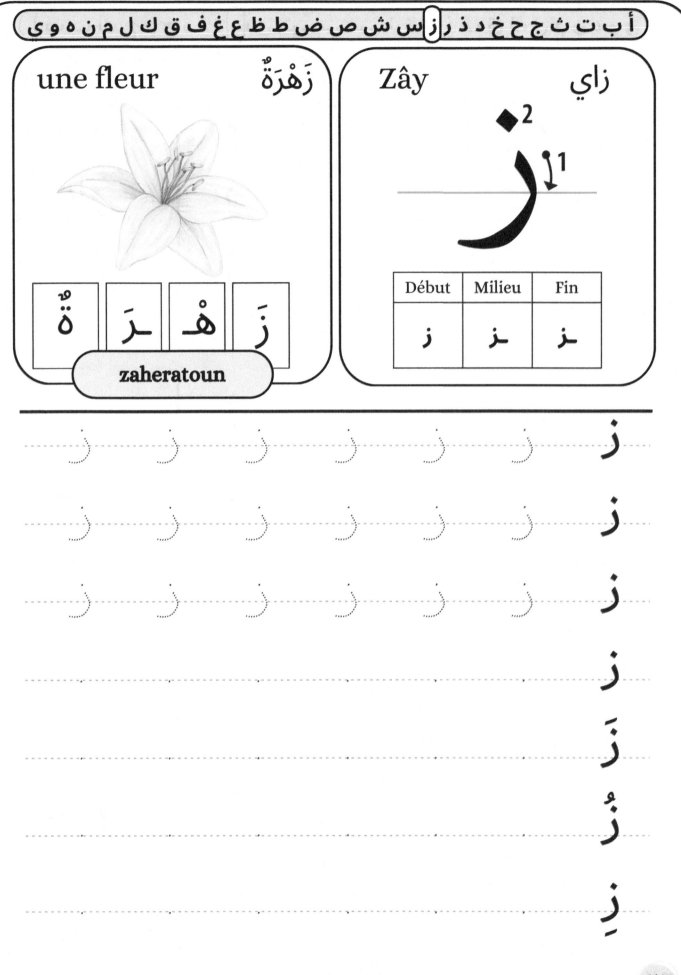

une fleur — زَهْرَةٌ

Zây — زاي

ة	ـرَ	هْ	زَ

zaheratoun

Début	Milieu	Fin
ز	ـزـ	ـز

ز

ز ز ز ز

ز

ز

ز

ـز

ـز ـز ـز ـز

ـز

ـز

ـزـ

ـزـ ـزـ ـزـ ـزـ

ـزـ

ـزـ

au début du mot

زُبْدَة

zoubedatoun

زُبْدَة

زُبْدَة

زُبْدَة   زُبْدَة   زُبْدَة

زُبْدَة   زُبْدَة   زُبْدَة

زُبْدَة

au milieu du mot

غَزَالٌ

ghazaaloun

غَزَالٌ

غَزَالٌ   غَزَالٌ   غَزَالٌ

غَزَالٌ   غَزَالٌ   غَزَالٌ

غَزَالٌ

à la fin du mot

مَوْزٌ

mawezoun

مَوْزٌ

مَوْزٌ   مَوْزٌ   مَوْزٌ

مَوْزٌ   مَوْزٌ   مَوْزٌ

مَوْزٌ

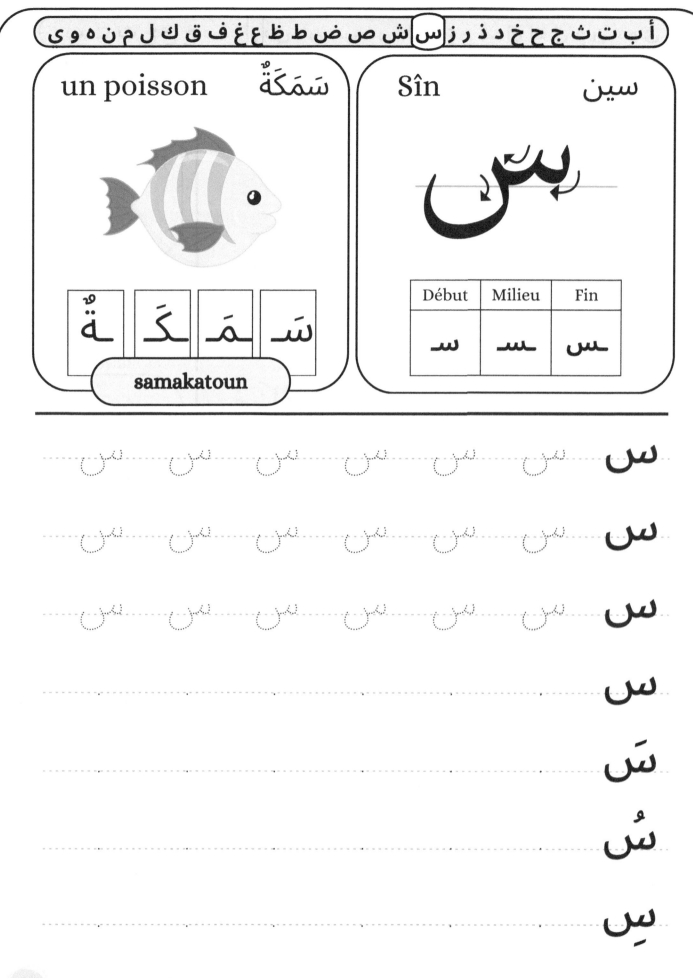

un poisson سَمَكَةٌ

samakatoun

سين Sîn

Début	Milieu	Fin
ســ	ـســ	ـس س

ســ ســ

سـ سـ

ســ ســ

ــس ــس

ــس ــس

ــس ــس

au début du mot

6

sittatoun

سِتَّةٌ

سِتَّةٌ

au milieu du mot

æasaloun

عَسَلٌ

عَسَلٌ

à la fin du mot

chamesoun

شَمْسٌ

شَمْسٌ

48

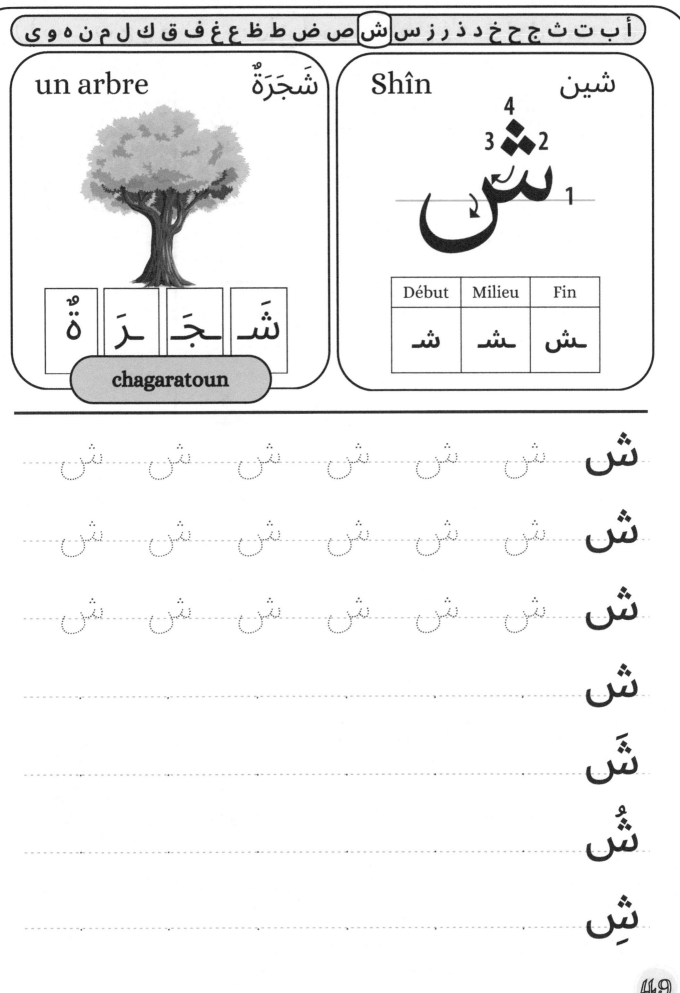

| un arbre | شَجَرَةٌ | Shîn | شين |

| شَ | ـجَ | ـرَ | ةٌ |

chagaratoun

Début	Milieu	Fin
شـ	ـشـ	ش

ش ش ش ش ش ش ش ش

ش ش ش ش ش ش ش ش

ش ش ش ش ش ش ش ش

ش

شَ

شُ

شِ

ش ش   ﺷ ﺷ ﺷ ﺷ

ش ش

ش ش

ـشـ ـشـ   ـشـ ـشـ ـشـ

ـشـ ـشـ

ـشـ ـشـ

ـش ـش   ـش ـش ـش

ـش ـش

ـش ـش

au début du mot

chameæatoun

شَمْعَةٌ

au milieu du mot

michetoun

مِشْطٌ

à la fin du mot

æouchoun

عُشٌّ

شَمْعَةٌ

مِشْطٌ

عُشٌّ

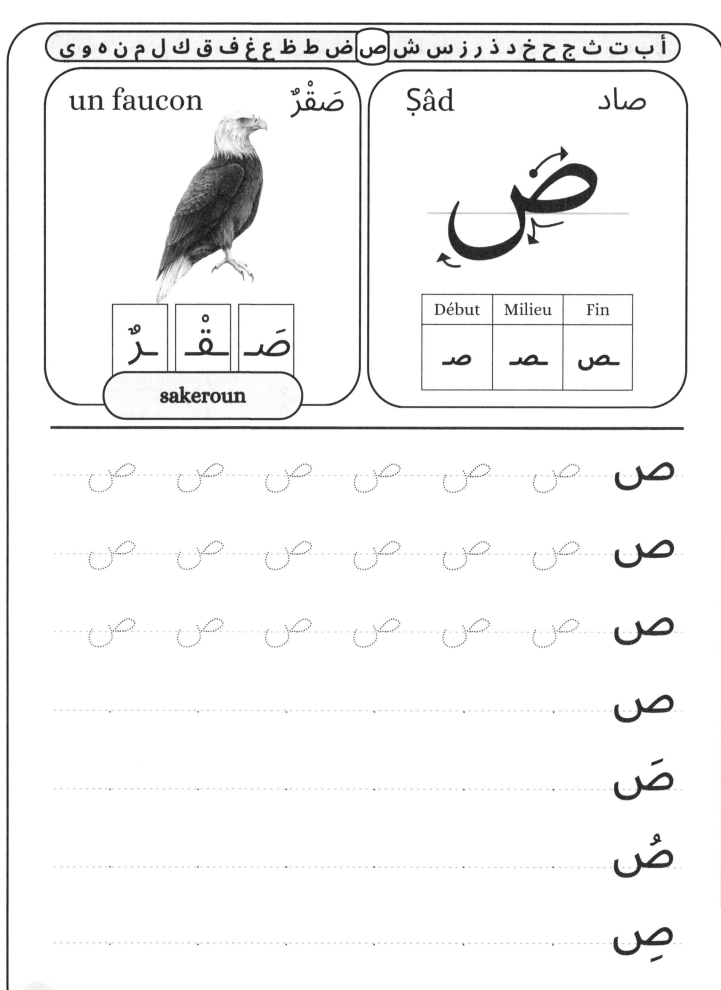

un faucon | صَقْرٌ

sakeroun

Ṣâd | صاد

Début	Milieu	Fin
ـصـ	ـصـ	ـص

ص

ص

ص

ص

صَ

صُ

صِ

ـصـ

ـصـ

ـصـ

ـصـ

ـصـ

ـصـ

صـ

صـ

صـ

au début du mot

صَحْنٌ

sahenoun

صَحْنٌ

au milieu du mot

بَصَلٌ

basaloun

بَصَلٌ

à la fin du mot

مِقَصٌّ

mikasoun

مِقَصٌّ

une grenouille	ضِفْدَعٌ		Ḍâd		ضاد

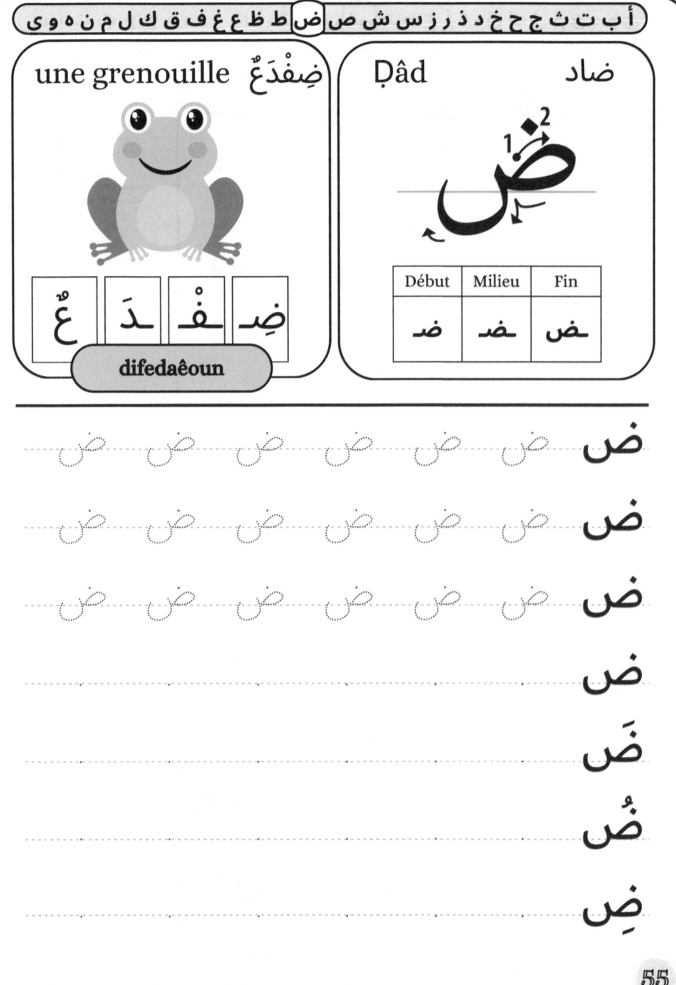

ضِ	ـفْ	ـدَ	عٌ

difedaêoun

Début	Milieu	Fin
ضـ	ـضـ	ـض

ض ض ض ض ض ض ض ض

ض ض ض ض ض ض ض ض

ض ض ض ض ض ض ض ض

ض

ضَ

ضُ

ضِ

ضـ | ضـ ... ضـ ... ضـ ... ضـ

ضـ | ضـ

ضـ | ضـ

ــضــ | ــضــ ... ــضــ ... ــضــ ... ــضــ

ــضــ | ــضــ

ــضــ | ــضــ

ـض | ـض ... ـض ... ـض ... ـض

ـض | ـض

ـض | ـض

au début du mot

difedaæoun

ضِرْسٌ

au milieu du mot

khoudaroun

خُضَرٌ

à la fin du mot

naabidoun

نَابِضٌ

ضِرْسٌ

خُضَرٌ

نَابِضٌ

57

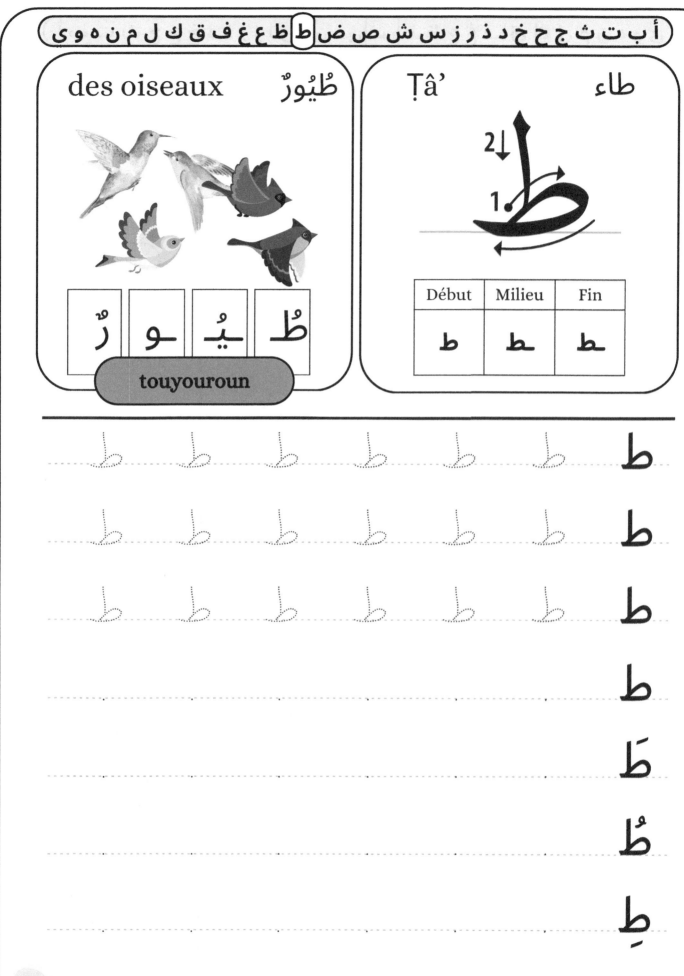

des oiseaux طُيُورٌ

Ṭâ' طاء

طُ يُ و رٌ

touyouroun

Début	Milieu	Fin
ط	ط	ط

ط

ط

ط

ط

طَ

طُ

طِ

ط

ط

ط

ط

ط

ط

ط

ط

ط

ط

ط

ط

au début du mot

طَبْلٌ

tabeloun

طَبْلٌ

au milieu du mot

بَطَّةٌ

batatoun

بَطَّةٌ

à la fin du mot

خَيْطٌ

khayetoun

خَيْطٌ

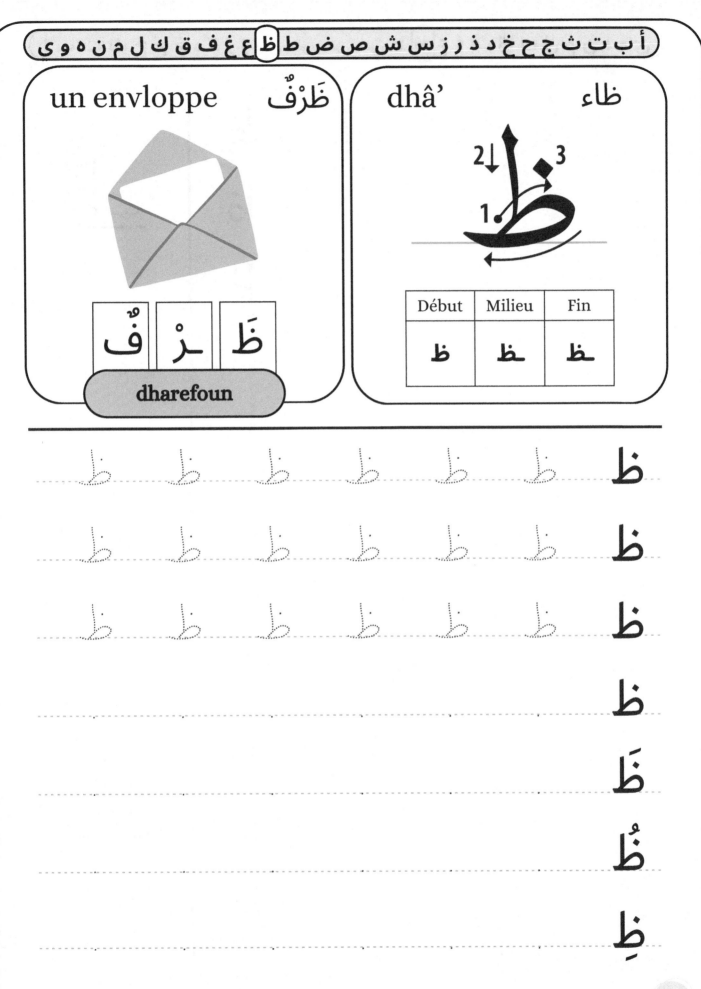

un envloppe   ظَرْفٌ

dhâ'   ظاء

dharefoun

Début	Milieu	Fin
ظ	ـظـ	ـظ

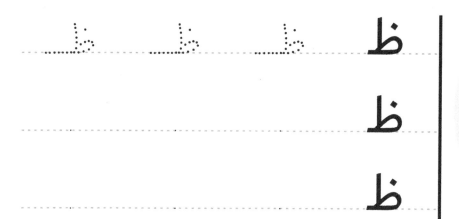

ظ ظ ظ ظ

ظ

ظ

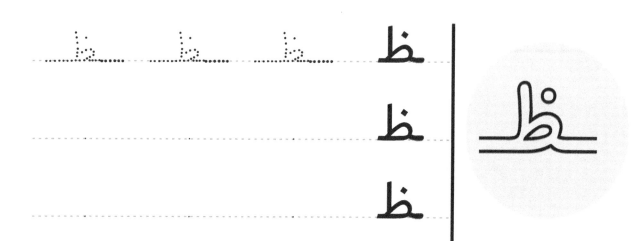

ظ ظ ظ ظ

ظ

ظ

ظ ظ ظ ظ

ظ

ظ

au début du mot

dhiferoun

ظِفْرٌ

au milieu du mot

æadhemoun

عَظْمٌ

à la fin du mot

isetayekada

اِسْتَيْقَظَ

ظِفْرٌ

عَظْمٌ

اِسْتَيْقَظَ

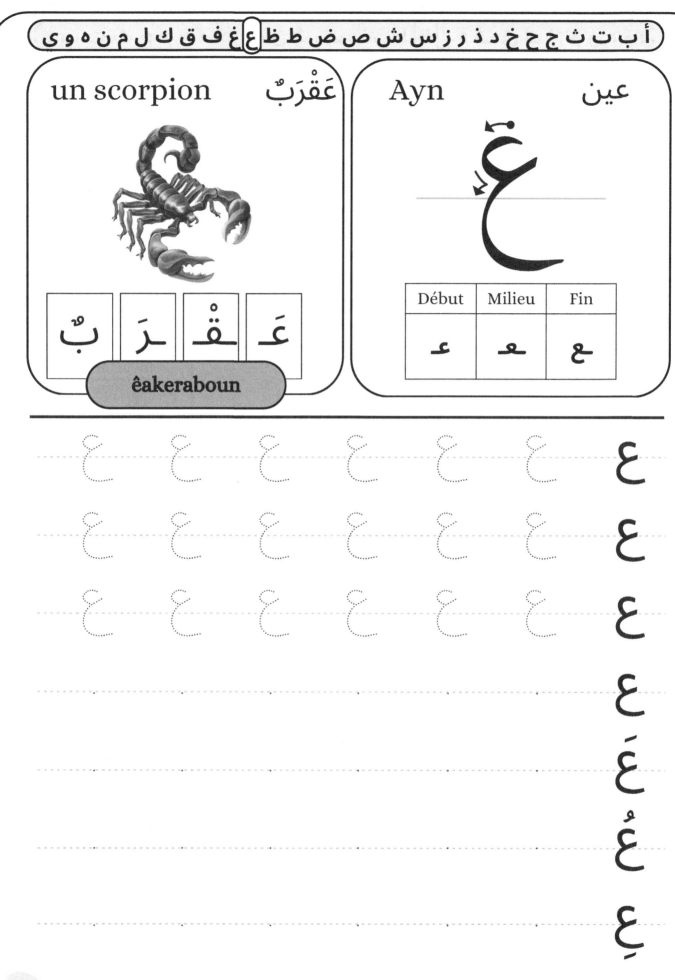

un scorpion	عَقْرَبٌ

بٌ	ـرَ	ـقْـ	عَـ

êakeraboun

Ayn	عين

Début	Milieu	Fin
عـ	ـعـ	ع

عـ

عـ

عـ

ـعـ

ـعـ

ـعـ

ع

ع

ع

au début du mot

æakeloun

عَقْلٌ

au milieu du mot

koubaææatoun

قُبَّعَةٌ

à la fin du mot

dhabeææoun

ضَبْعٌ

عَقْلٌ

قُبَّعَةٌ

ضَبْعٌ

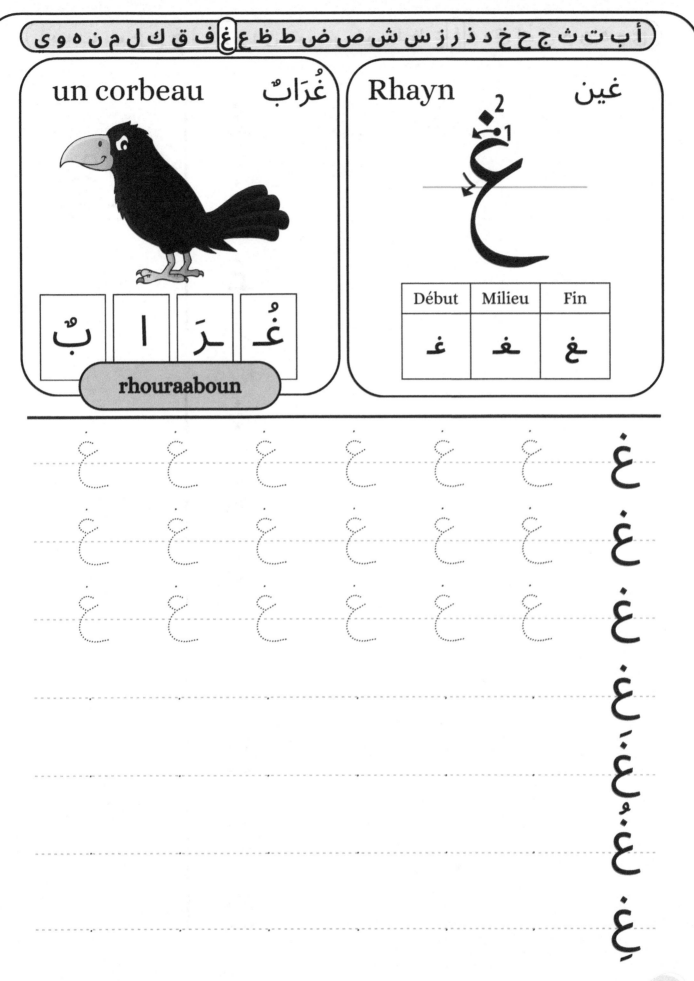

un corbeau غُرَابٌ

بْ	ا	ـرَ	غُـ

rhouraaboun

Rhayn غين

Début	Milieu	Fin
غـ	ـغـ	غ

غـ

غـ غـ غـ غـ

غـ

غـ

ـغـ

ـغـ ـغـ ـغـ ـغـ

ـغـ

ـغـ

ـغ

ـغ ـغ ـغ ـغ

ـغ

ـغ

au début du mot

rhayematoun

غَيْمَةٌ

غَيْمَةٌ

au milieu du mot

kanerharoun

كَنْغَرٌ

كَنْغَرٌ

à la fin du mot

GLUE

samerhoun

صَمْغٌ

صَمْغٌ

une souris   فَأْرٌ

فاء   Fâ'

رٌ	ـأْ	فَ

faëroun

Début	Milieu	Fin
ف	ـفـ	ـف

ف

ف

ف

ف

فَ

فُ

فِ

ف   ﻓ   ﻓ

ف

ف

ـﻔ   ـﻔـ   ـﻔـ

ـﻔ

ـﻔ

ـﻒ   ـﻒ   ـﻒ

ـﻒ

ـﻒ

au début du mot

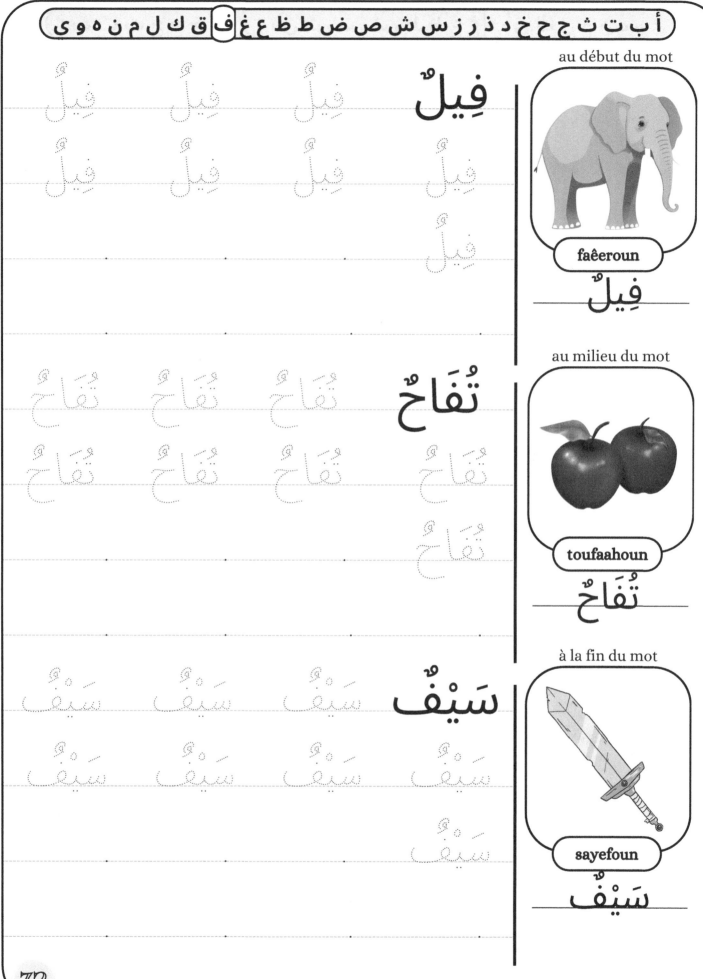

faêeroun

فِيلٌ

فِيلٌ فِيلٌ فِيلٌ فِيلٌ فِيلٌ فِيلٌ

فِيلٌ فِيلٌ فِيلٌ فِيلٌ فِيلٌ فِيلٌ

فِيلٌ

au milieu du mot

toufaahoun

تُفَاحٌ

تُفَاحٌ تُفَاحٌ تُفَاحٌ تُفَاحٌ تُفَاحٌ تُفَاحٌ

تُفَاحٌ تُفَاحٌ تُفَاحٌ تُفَاحٌ تُفَاحٌ تُفَاحٌ

تُفَاحٌ

à la fin du mot

sayefoun

سَيْفٌ

سَيْفٌ سَيْفٌ سَيْفٌ سَيْفٌ سَيْفٌ سَيْفٌ

سَيْفٌ سَيْفٌ سَيْفٌ سَيْفٌ سَيْفٌ سَيْفٌ

سَيْفٌ

72

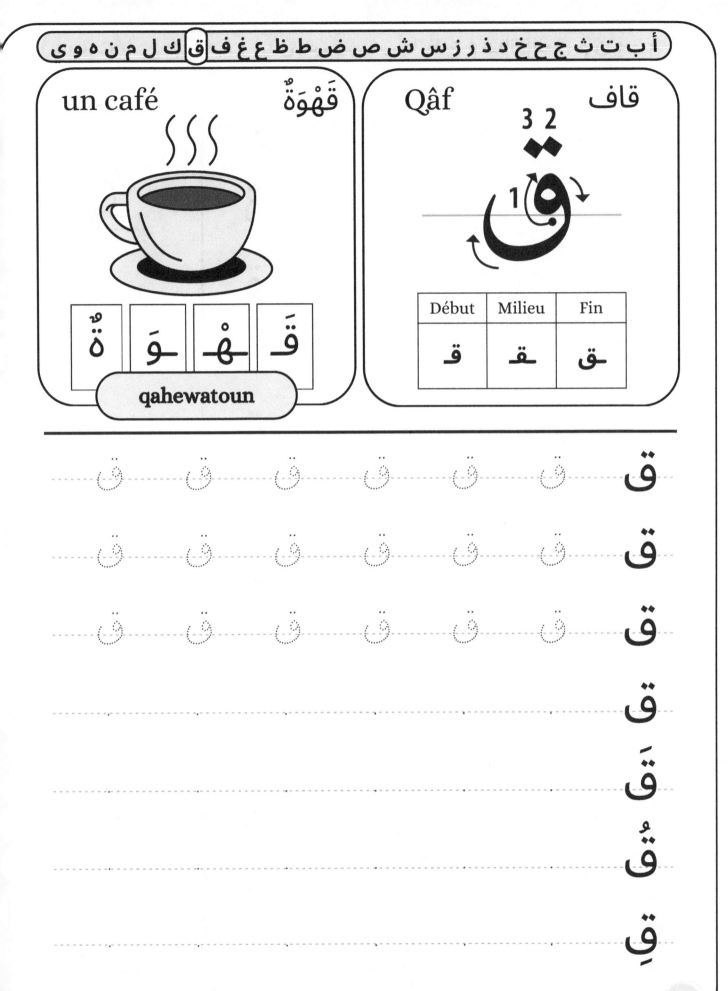

un café | قَهْوَةٌ

قَ ـهْ ـوَ ـة

qahewatoun

قاف | Qâf

3 2

قـ

Début	Milieu	Fin
قـ	ـقـ	ـق

ق

ق

ق

قَ

قُ

قِ

73

	ق	ق	ق	ق
	ق			
	ق			

	ق	ق	ق	ق
	ـق			
	ـق			

	ق	ـق	ـق	ـق
	ـق			
	ـق			

au début du mot

قَمَرٌ

qamaroun

قَمَرٌ

au milieu du mot

مِلْعَقَةٌ

mileæaqatoun

مِلْعَقَةٌ

à la fin du mot

نَفَقٌ

nafaqoun

نَفَقٌ

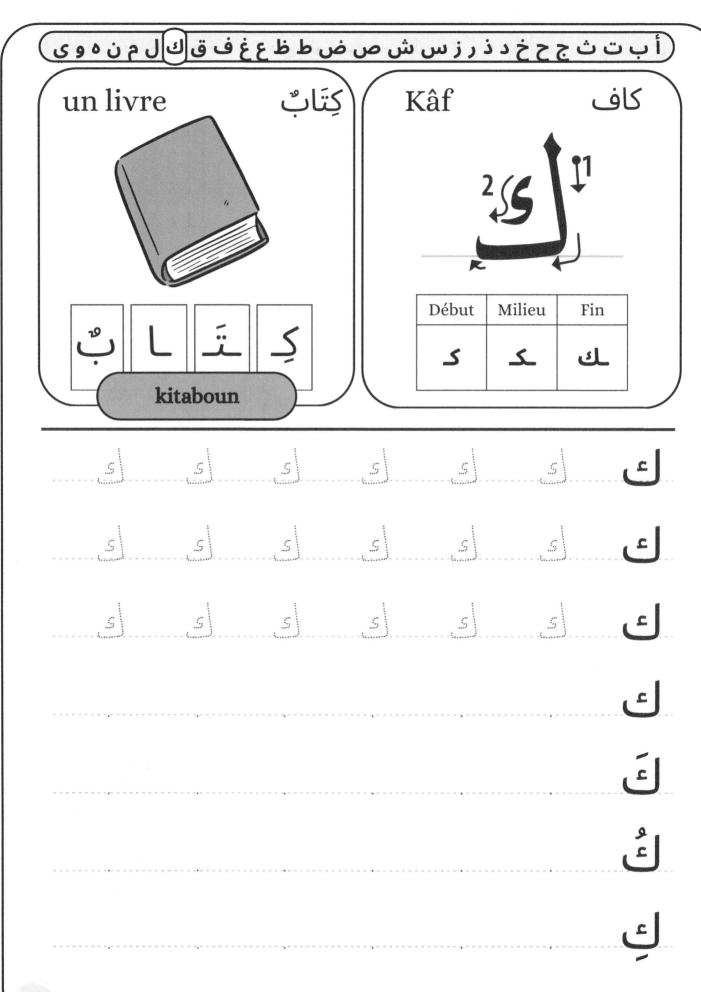

un livre	كِتابٌ

بٌ	ا	تَ	كِ

kitaboun

كاف	Kâf

Début	Milieu	Fin
كـ	ـكـ	ـك

ك

ك

ك

ك

كَ

كُ

كِ

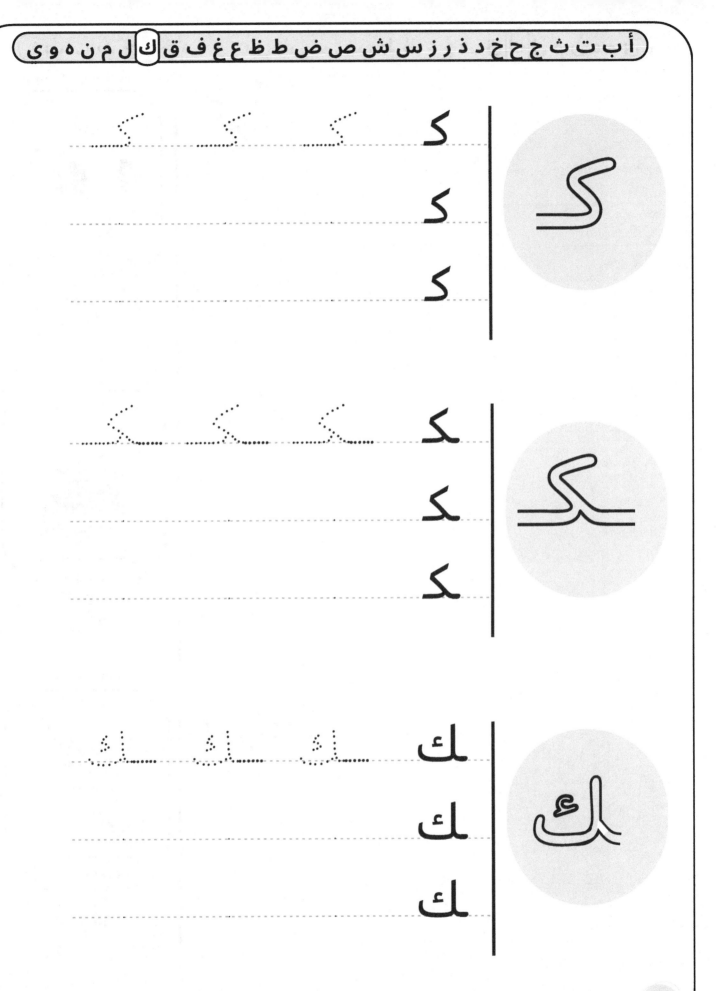

ك ك ك ك

ك ك ك ك

ك

ك ك ك ك ك ك

ك ك ك

ك

ك ك ك ك ك

ك ك ك

ك ك ك

au début du mot

كُرَةٌ

kouratoun

كُرَةٌ

au milieu du mot

مَكَّة

makka

مَكَّة

à la fin du mot

نَيْزَكٌ

nayezakoun

نَيْزَكٌ

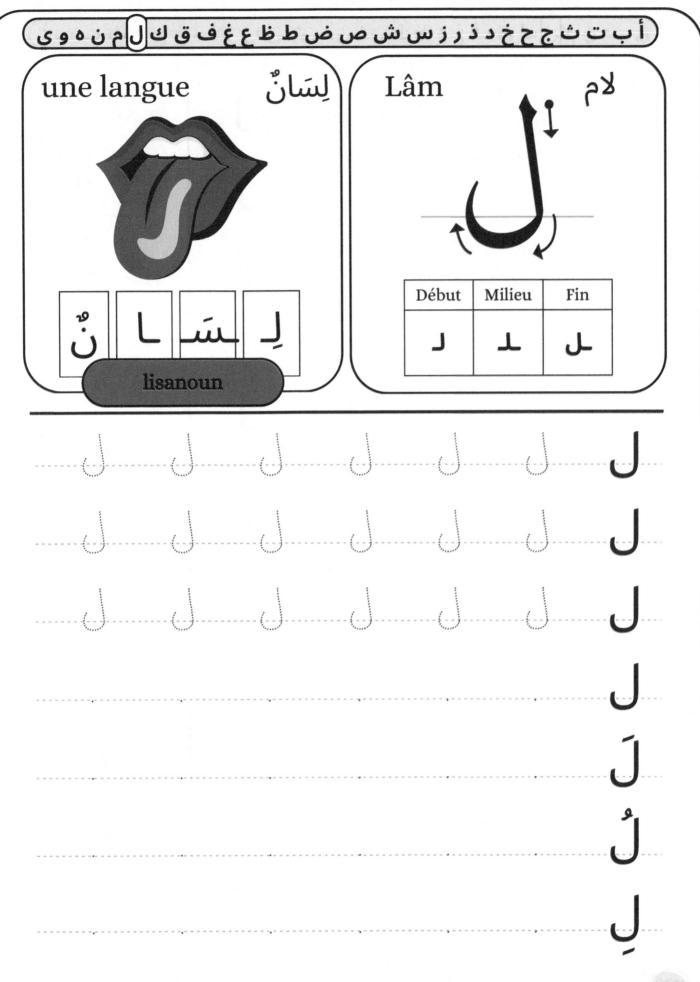

une langue — لِسَانٌ

Lâm — لام

lisanoun

Début	Milieu	Fin
لـ	ـلـ	ـل

ل

ل

ل

ـلـ

ـلـ

ـلـ

ـل

ـل

ـل

au début du mot

لَحْمٌ

lahemoun

لَحْمٌ

au milieu du mot

قَلْبٌ

qaleboun

قَلْبٌ

à la fin du mot

نَحْلٌ

naheloun

نَحْلٌ

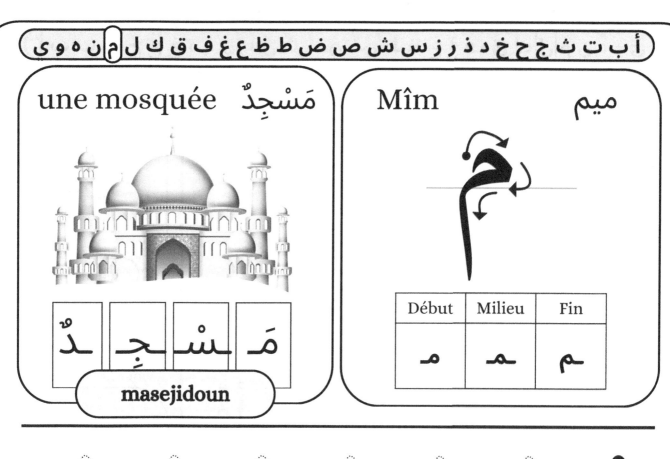

une mosquée   مَسْجِدٌ

masejidoun

Mîm   ميم

Début	Milieu	Fin
مـ	ـمـ	ـم

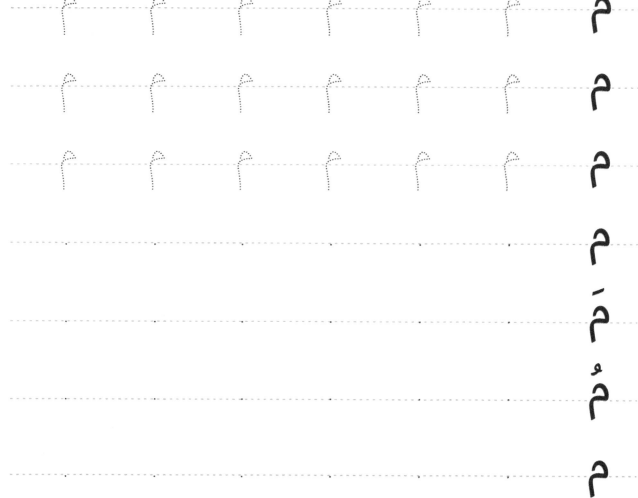

م

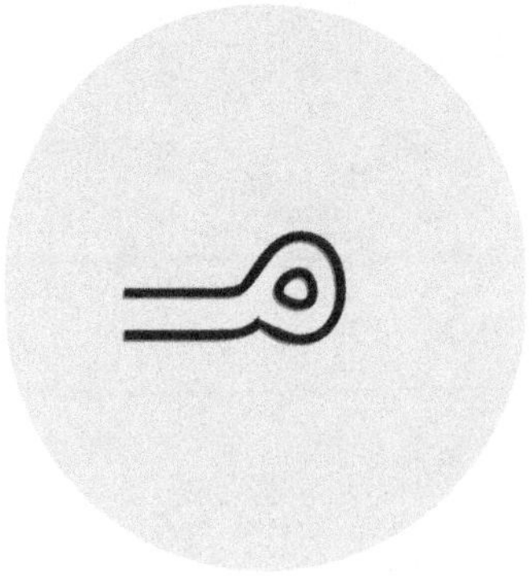

ﻤ

ﻤ

ﻤ

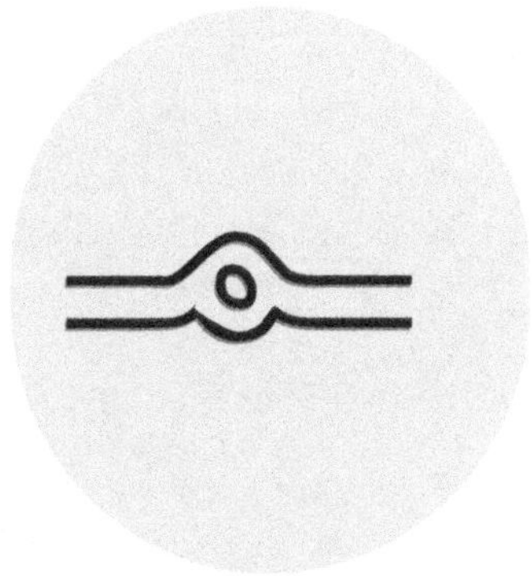

ﻢ

ﻢ

ﻢ

ﻣ

ﻣ

ﻣ

au début du mot

masehafoun

مَصْحَفٌ

مَصْحَفٌ   مَصْحَفٌ   مَصْحَفٌ

مَصْحَفٌ   مَصْحَفٌ   مَصْحَفٌ

مَصْحَفٌ

au milieu du mot

layemouunoun

لَيْمُونْ

لَيْمُونْ   لَيْمُونْ   لَيْمُونْ   لَيْمُونْ

لَيْمُونْ   لَيْمُونْ   لَيْمُونْ   لَيْمُونْ

لَيْمُونْ

à la fin du mot

qalamoun

قَلَمٌ

قَلَمٌ   قَلَمٌ   قَلَمٌ

قَلَمٌ   قَلَمٌ   قَلَمٌ

قَلَمٌ

une fourmi نَمْلَةٌ

Noun نون

Début	Milieu	Fin
نـ	ـنـ	ـن

namelatoun

نـ

نـ

نـ

نـ

ـنـ

ـنـ

ـنـ

ـنـ

ن

ن

ن

ن

au début du mot

نَمِرٌ

namiroun

نَمِرٌ

au milieu du mot

عِنَبٌ

æinaboun

عِنَبٌ

à la fin du mot

عَيْنٌ

æayenoun

عَيْنٌ

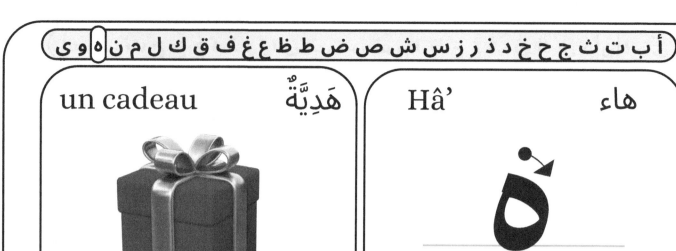

| un cadeau | هَدِيَّةٌ | Hâ' | هاء |

| هـ | ـدِ | يَّ | ـةٌ |

hadiyatoun

Début	Milieu	Fin
هـ	ـهـ	ـه ه

ه

ه

ه

ه

هَ

هُ

هِ

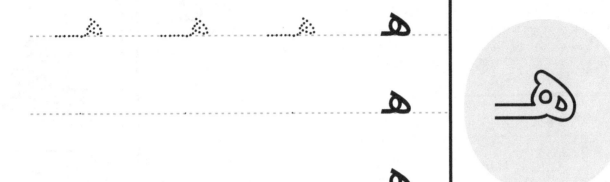

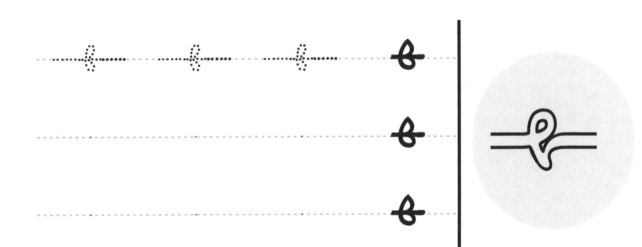

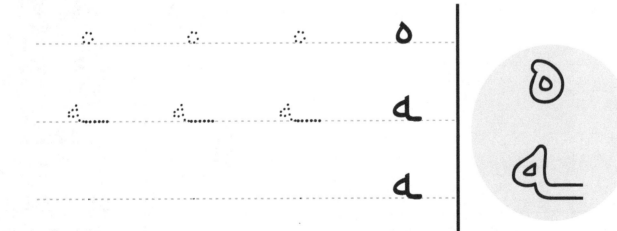

أ ب ت ث ج ح خ د ذ ر ز س ش ص ض ط ظ ع غ ف ق ك ل م ن هـ و ي

au début du mot

هَرَمٌ

هَرَمٌ

haramoun

هَرَمٌ

au milieu du mot

نَهْرٌ

naheroun

نَهْرٌ

à la fin du mot

وَجْهٌ

مِياهٌ

wadjehoun

وَجْهٌ / مِياهٌ

miyahoun

90

carburant — وَقُودٌ

| دٌ | ـو | ـقُـ | وَ |

waqoudoun

واو — Wâw

Début	Milieu	Fin
و	ـو	ـو

و

و

و

و

وَ

وُ

وِ

و ۈ ۈ ۈ

و

و

و ـو ـو ـو

و

و

و ـو ـو ـو

و

و

au début du mot

وِسَادَةٌ

wisadatoun

وِسَادَةٌ

au milieu du mot

تُوتٌ

toutoun

تُوتٌ

à la fin du mot

دَلْوٌ

dalewoun

دَلْوٌ

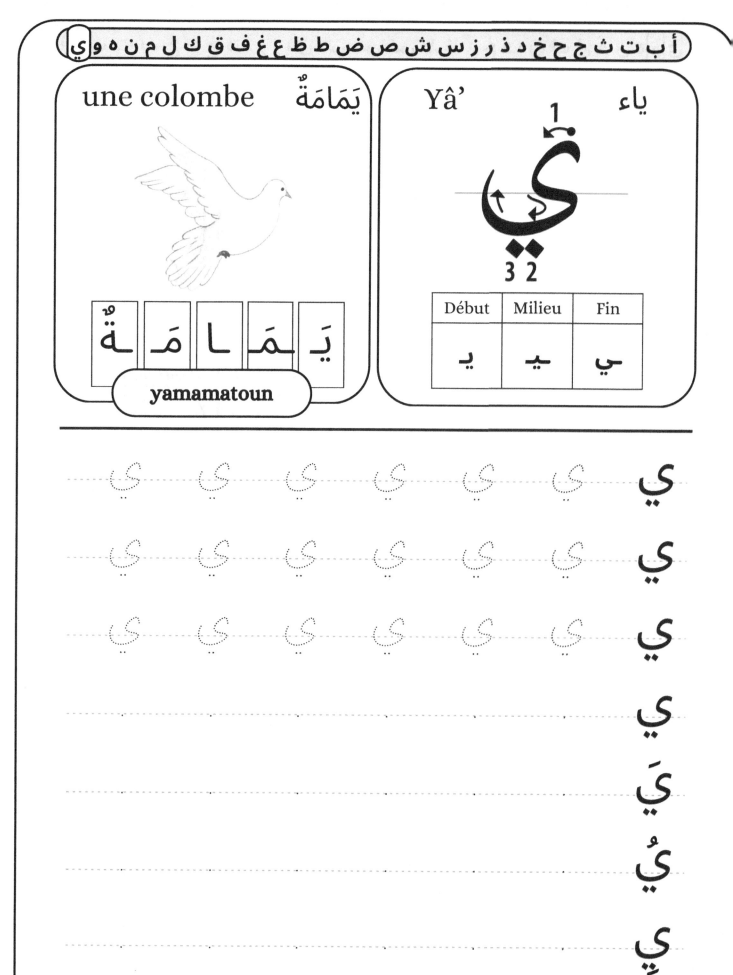

une colombe	يَمَامَةٌ

يَ مَ ا مَ ةٌ

yamamatoun

ياء	Yâ'

Début	Milieu	Fin
يـ	ـيـ	ي

ي

ي

ي

يَ

يُ

يِ

ي .... يـ

ي ....

ي ....

يـ .... ـيـ

يـ ....

يـ ....

ي .... ـي

ي ....

ي ....

au début du mot

يَدٌ

يَدٌ   يَدٌ   يَدٌ

يَدٌ   يَدٌ   يَدٌ

يَدٌ

yaddoun

يَدٌ

au milieu du mot

بَيْضٌ

بَيْضٌ   بَيْضٌ   بَيْضٌ

بَيْضٌ   بَيْضٌ   بَيْضٌ

بَيْضٌ

bayedhoun

بَيْضٌ

à la fin du mot

كُرْسِيٌّ

كُرْسِيٌّ   كُرْسِيٌّ   كُرْسِيٌّ   كُرْسِيٌّ

كُرْسِيٌّ   كُرْسِيٌّ   كُرْسِيٌّ   كُرْسِيٌّ

كُرْسِيٌّ

kouresiyyoun

كُرْسِيٌّ

96

+ي	+و	+ا	ِ	ُ	ـَ	
أي	أو	آ(اأ)	إِ	أُ	أَ	أ
بي	بو	با	بِ	بُ	بَ	ب
تي	تو	تا	تِ	تُ	تَ	ت
ثي	ثو	ثا	ثِ	ثُ	ثَ	ث
جي	جو	جا	جِ	جُ	جَ	ج

+ي +و +ا	ِ ُ َ	
حي حو حا	حِ حُ حَ	ح
خي خو خا	خِ خُ خَ	خ
دي دو دا	دِ دُ دَ	د
ذي ذو ذا	ذِ ذُ ذَ	ذ
ري رو را	رِ رُ رَ	ر

+ي +و +ا	ـِ ـُ ـَ	
زي زو زا	زِ زُ زَ	ز
سي سو سا	سِ سُ سَ	س
شي شو شا	شِ شُ شَ	ش
صي صو صا	صِ صُ صَ	ص
ضي ضو ضا	ضِ ضُ ضَ	ض

+ي	+و	+ا			ـِ	ـُ	ـَ	
طي	طو	طا		طِ	طُ	طَ	ط
ظي	ظو	ظا		ظِ	ظُ	ظَ	ظ
عي	عو	عا		عِ	عُ	عَ	ع
غي	غو	غا		غِ	غُ	غَ	غ
في	فو	فا		فِ	فُ	فَ	ف

+ي	+و	+ا	َ مُ مِ			
قي	قو	قا	قِ	قُ	قَ	ق
كي	كو	كا	كِ	كُ	كَ	ك
لي	لو	لا	لِ	لُ	لَ	ل
مي	مو	ما	مِ	مُ	مَ	م
ني	نو	نا	نِ	نُ	نَ	ن

+ي	+و	+ا		ـِ	ـُ	ـَ	
هي	هو	ها		هِ	هُ	هَ	ه
وي	وو	وا		وِ	وُ	وَ	و
يي	يو	يا		يِ	يُؤ	يَ	ي

Exercice 1 : Écris les lettres suivantes en arabe

Sîn	---------------------	Alif	---------------------
Ayn	---------------------	Khā	---------------------
Lâm	---------------------	Dāl	---------------------
Fâ	---------------------	Shīn	---------------------
Mîm	---------------------	Dhâl	---------------------
Wâw	---------------------	Ṭâ	---------------------
Ṣâd	---------------------	Qâf	---------------------
Nûn	---------------------	Yâʾ	---------------------
Ḥâ	---------------------	Kâf	---------------------
Rhayn	---------------------	Tâ	---------------------

Exercice 2 : Lis les mots suivants et souligne la lettre ع

عِنَبٌ   ذِرَاعٌ   مِحْفَظَةٌ   عَنْكَبُوتٌ   عَجَلَةٌ   عَائِلَةٌ

Exercice 3: Lis les mots suivants et souligne la lettre خ

خُضَرٌ   خَرِيطَةٌ   حِمَارٌ   خَشَبٌ   خُبْزٌ   صَارُوخٌ

Exercice 4 : Lis les mots suivants et souligne la lettre ه

| زَهْرَةٌ | قَهْوَةٌ | هِلَالٌ | هَاتِفٌ | سَمَكَةٌ | هَدِيَّةٌ |

Exercice 5 : Lis les mots suivants et souligne la lettre ق

| قِنَاعٌ | سَيَّارَةٌ | شَجَرَةٌ | قِرْدٌ | قِطٌّ | قَفَصٌ |

Exercice 6 : Classez les mots suivants dans le tableau.

نَخْلَةٌ، كَلْبٌ، مَطَرٌ، عِنَبٌ، دَجَاجَةٌ، خِزَانَةٌ، طَائِرَةٌ، كُرَّاسٌ، زُجَاجٌ، سُكَّرٌ، زَيْتُونٌ، مَطَارٌ، نَبَاتٌ، عَجُوزٌ، كُرْسِيٌّ، مِيزَانٌ، أَطْفَالٌ، فُسْتَانٌ، جِسْرٌ، فَاكِهَةٌ، طَبِيبٌ، زَرَافَةٌ، دَرَّاجَةٌ.

Lettre ج	Lettre ز	Lettre ط	Lettre ك	Lettre ن

Exercice 7 : Attachez les lettres suivantes (quand c'est nécessaire) pour faire des mots, en gardant l'ordre des lettres de droite à gauche :

مَ + كْ + تَ + بٌّ = ...

مَ + رْ + يَ + مْ = ...

مَ + عْ + مَ + لٌّ = ...

خَ + دِ + ي + قَ + ةٌ = ...

Exercice 8 : Corrigez les erreurs d'écriture dans les mots suivants :

(مِ قْلَ مَةٌ) = ...

(عَ نْدَ لِي بٌ) = ...

(تُ فَاحَ ـةٌ) = ...

(سُ لَحْ فَاةٌ) = ...

Exercice 9 : Lis les phrases suivantes 5 fois:

(J'aime jouer au ballon)	أُحِبُّ اللَّعِبَ بِالْكُرَةِ
(Dimanche est le jour de la famille)	يَوْمُ الأَحَدِ هُوَ يَوْمُ الْعَائِلَةِ
(Le chat joue avec la balle)	القِطَّةُ تَلْعَبُ مَعَ الكُرَةِ
(L'oiseau vole dans le ciel)	الْعُصْفُورُ يَطِيرُ فِي السَّمَاءِ
(La fleur est rouge)	الْوَرْدَةُ حَمْرَاءُ اللَّوْنِ

الطِّفْلُ يَذْهَبُ إِلَى الْمَدْرَسَةِ كُلَّ يَوْمٍ بِالْحَافِلَةِ الصَّفْرَاءِ وَيُقَابِلُ أَصْدِقَائَه وَيَتَعَلَّمُ الكَثِيرَ مِنَ الأَشْيَاءِ الجَدِيدَةِ فِي الصَّفِ

Message de l'autrice

Chers lecteurs,

Félicitations pour avoir terminé ce livre d'apprentissage de l'arabe !

Maintenant que vous avez de nouvelles compétences, pratiquez régulièrement pour les renforcer.

En tant qu'autrice éditrice indépendante, vos retours sur Amazon sont précieux pour soutenir mon travail.

Si vous avez apprécié ce livre, laissez un commentaire pour aider d'autres enfants et parents à le découvrir.

Merci pour votre soutien et votre engagement envers l'apprentissage de l'arabe !

À bientôt

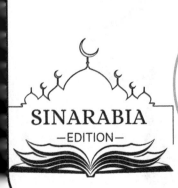

SINARABIA
—EDITION—

Sirine Massoum

Made in the USA
Las Vegas, NV
17 August 2024

93970170R00063